十三届全国人大二次会议《政府工作报告》学习辅导

政府工作的总体要求
和需要把握的重点

马建堂　著

中国言实出版社

图书在版编目（CIP）数据

政府工作的总体要求和需要把握的重点 / 马建堂著 . -- 北京 : 中国言实出版社 , 2019.3

ISBN 978-7-5171-3103-8

Ⅰ .①政… Ⅱ .①马… Ⅲ .①国家行政机关－工作－研究－中国 Ⅳ .① D630.1

中国版本图书馆 CIP 数据核字（2019）第 055230 号

出 版 人：王昕朋
总 监 制：朱艳华
责任编辑：胡　明

出版发行　中国言实出版社
　　　　　地　　址：北京市朝阳区北苑路 180 号加利大厦 5 号楼 105 室
　　　　　邮　　编：100101
　　　　　编辑部：北京市海淀区北太平庄路甲 1 号
　　　　　邮　　编：100088
　　　　　电　　话：64924853（总编室）　64924716（发行部）
　　　　　网　　址：www.zgyscbs.cn
　　　　　E-mail：zgyscbs@263.net

经　　销　新华书店
印　　刷　北京温林源印刷有限公司
版　　次　2019 年 3 月第 1 版　　2019 年 3 月第 1 次印刷
规　　格　850 毫米 ×1168 毫米　1/32　0.625 印张
字　　数　12 千字
定　　价　6.00 元　　ISBN 978-7-5171-3103-8

政府工作的总体要求
和需要把握的重点

　　2019 年是新中国成立 70 周年，是全面建成小康社会、实现第一个百年奋斗目标的关键之年。李克强总理在十三届全国人大二次会议上所作的《政府工作报告》（以下简称《报告》）明确了做好政府工作的总体要求，提出了要注重把握好的三对关系，我们要认真学习并抓好贯彻落实，切实把《报告》明确的总体要求体现在经济社会发展各方面工作之中。

　　一、坚持用习近平新时代中国特色社会主义思想指导政府工作

　　《报告》强调，做好全年经济社会发展工作，要在以习近平同志为核心的党中央坚强领导下，以习近平新时代中国特色社会主义思想为指导。

习近平新时代中国特色社会主义思想，是马克思列宁主义、毛泽东思想、邓小平理论、"三个代表"重要思想和科学发展观的继承和发展，蕴含着辩证唯物主义和历史唯物主义的精髓，是马克思主义中国化的最新成果。习近平新时代中国特色社会主义思想已经写入党章、载入宪法，是我们党和国家必须长期坚持的指导思想。科学理论一旦提出，就必定会对实践起到重大的引领作用。习近平新时代中国特色社会主义思想来自于成功的实践，也必将指导和引领新的伟大实践。今年是持续学习贯彻习近平新时代中国特色社会主义思想的深化之年，推动学习贯彻往深里走、往心里走、往实里走，客观要求政府各项工作都要切实体现这一伟大思想的指导地位。

习近平新时代中国特色社会主义思想，逻辑严密、系统完整、博大精深，涵盖改革发展稳定、内政外交国防、治党治国治军等方方面面，每一领域都有一系列富有创见的重大思想观点、具有前瞻性引领性的战略部署和"四梁八柱"的关键举措，是我们推进经济社会发展的指南针，是引领中华民族伟大复兴征程的航标灯。特别是，以习近平同志为核心的党中央对经济改革发展问题的一系列重要论述、重大观点、重大部署等，既有认识论、方法论，又有目标论、动力论，还有方向论、底线论等，形成了中国特色社会主义政治经济学，是各级政府做好相关工作的基本遵循，政府工作的方方面面都能够从中汲取力量、获取智慧、寻找答案。

2018年，以习近平同志为核心的党中央，观大势、谋全局、干实事，对经济形势科学判断，对经济工作正确决策，成功驾驭了我国经济发展大局。我国经济运行保持在合理区间、经济结构不断优化、发展新动能快速成长、改革开放取得新突破、三大攻坚战开局良好、人民生活持续改善，高质量发展的基础进一步夯实。这些成绩归根结底，是因为我们有以习近平同志为核心的党中央坚强领导，有习近平新时代中国特色社会主义思想的科学指引。只有坚持以习近平新时代中国特色社会主义思想为指导，才能正确认识我国经济发展环境、发展阶段、主要矛盾变化，才能牢牢把握经济工作和改革开放的正确方向，从而驾驭更加复杂的形势、推动各项工作再上新台阶。我们要持续学习贯彻以人民为中心的发展思想，坚持党对经济工作的集中统一领导，正确认识经济发展阶段性特征和社会主要矛盾变化，贯彻落实五大发展理念、供给侧结构性改革，坚持底线思维、树立风险意识等，为做好经济社会发展工作、推动经济社会持续健康发展打下坚实的思想方法基础。

二、坚持稳中求进工作总基调

《报告》指出，今年经济工作要坚持稳中求进工作总基调。这是治国理政的重要原则，也是做好经济工作的根本方法。稳中求进是我们党领导经济工作的历史经验总结。历史证明，若不以"稳"为前提，一味求进、追求速成，经济建设容易遭受挫折。坚持稳中求进，即便形势复杂、经济运行压力较大，也能克服困难取得较好成绩、积聚发展潜力。比如，20 世纪末亚洲金融危机期间，中央坚持稳中求进，大力推动国企、金融等改革，扩大开放、加入 WTO 等，不仅稳住了经济运行，还为后来一个时期经济快速增长奠定了坚实的基础。稳中求进是应对目前国内外不确定性因素的战略指针。我国发展面临的环境日趋严峻复杂，可以预料和难以预料的风险挑战更多更大，稳中求进也是打硬仗的思想准备。比如，防范化解经济金融风险、应对国际贸易摩擦等，需要我们牢固树立底线思维，并通过稳中求进的方式为可能出现的冲击预留缓冲和腾挪空间。

党的十八大以来，在经济发展进入新常态背景下，以习近平同志为核心的党中央一贯强调并坚持稳中求进工作总基调，发扬钉钉子精神，一步一个脚印向前迈进。坚持既保持战略定力、不搞强刺激，又积极作为、主动施策，坚持统筹推进稳增长、促改革、调结构、惠民生、防风险工作，稳住了经济发展、促进了转型升级。2018年，全年经济社会发展指标良好，决胜全面建成小康社会又取得新的重大进展。2019年是一个更为关键的年份，离全面建成小康社会还有2年，我国面临的发展环境更复杂更严峻，经济下行压力持续加大，更需要坚持稳中求进。"稳"的重点是稳就业、稳外贸、稳投资、稳金融、稳外资、稳预期，根本目的是稳住经济运行，保持经济持续健康发展和社会大局稳定；"进"的重点是调整经济结构和深化改革开放，确保转变经济发展方式和创新驱动发展取得新成效。

一是稳就业。就业是民生之本，就业稳则心定、家宁、国安。今年高校毕业生、退役军人、农民工等重点群体就业压力也较大，城镇各类就业困难人员的就业帮扶工作任务也比较重，要把稳定就业放在更加突出的位置，从政策措施上优先予以保障落实到位。二是稳金融。继续推进金融改革，要把防范化解金融风险和服务实体经济更好结合起来。继续实施稳健的货币政策，既不搞"大水漫灌"，又要保持流动性合理充裕。三是稳外贸。中国坚定维护经济全球化和自由贸易，要积极促进外贸稳中提质，推动出口市场多元化。四是稳外资。提升利用外资和引进资水平，提升经济增长动力、应对外部不确定性给国内经济带来的冲击。五是稳投资。要紧扣国家发展战略，加快实施一批重点项目，加大基础设施领域补短板的力度，积极有效扩大投资。六是稳预期。要加强政府与社会、市场的信息沟通，积极引导预期，增强对政策稳定和经济前景的信心。

"六稳"之间关联性强、每个"稳"的针对性和可操作性也很强，是有效应对各种风险挑战、打好三大攻坚战、推动高质量发展和保持经济社会大局稳定的重要保证。"六稳"做扎实做到位了，可以为经济社会发展的"进"提供有效护航、打开坦荡通道。

三、坚持新发展理念，推动高质量发展，建设现代化经济体系

《报告》明确，要坚持新发展理念，坚持推动高质量发展，加快建设现代化经济体系。"创新、协调、绿色、开放、共享"五大发展理念，是在深刻总结国内外发展经验教训、深入分析国内外发展大势的基础上提出来的，揭示了实现更高质量、更有效率、更加公平、更可持续发展的必由之路，对破解发展难题、增强发展动力、厚植发展优势具有重大意义，集中反映了我们党对经济发展规律的新认识。新发展理念是新时代我国发展思路、发展方向、发展着力点的集中体现。《报告》专门强调坚持新发展理念，这与"十三五"规划实施以来我们崇尚创新、注重协调、倡导绿色、厚植开放、推进共享的努力薪火相承。近年来，我们不断提升创新能力，新旧动能接续转换；着力推动平衡发展，新的增长极增长带加快成长；不断增强生态环境治理能力，生态文明建设取得明显成效；不断加码高水平开放，开放型经济水平显著提升；坚持以人民为中心，人民群众获得感不断增强。新发展理念给我们带来实实在在的好处，为确保如期全面建成小康社会、开启社会主义现代化建设新征程奠定了坚实基础。

推动高质量发展，既是顺应我国社会主要矛盾变化的战略之举，也是解决我国经济社会发展面临突出问题的重大举措。我国经济社会发展取得了巨大进步，但也面临一些突出矛盾和问题。一是劳动年龄人口减少，传统的人力成本竞争优势正在减弱。2012 到 2017 年中国的劳动年龄人口减少了 2200 多万，2018 年还在继续减少，劳动力成本不断上升。

二是长期以来粗放式增长给我国持续健康发展带来较大压力。我国 GDP 占全球的比重七分之一左右，但是我们却消耗了世界上二分之一的煤，四分之一的一次性能源，生态环境约束不断强化。过去那种高速增长很难再现，走高质量发展之路更为迫切，这也是世界主要发达国家经济发展的规律。然而，高质量发展不会自动实现，过去几十年由高速增长转换为高质量发展的国家并不多，更多的国家却是由于没有衔接好高速增长阶段与高质量发展阶段而陷入"中等收入陷阱"。我们由高速增长阶段转向高质量发展阶段，必须直面矛盾、解决问题，持续用力、久久为功地坚持贯彻新发展理念。

《报告》提出坚持推动高质量发展，加快建设现代化经济体系，既是贯彻新发展理念的目的所在，也是重要举措。一方面，落实新发展理念，很重要一点就是要推动高质量发展。高质量发展，要推进产品和服务高品质，推动供给和需求高匹配，实现资源配置高效率，着力培育新动能，切实有效防范风险。比如，在信息技术高度发达的今天，要促进新产业、新模式、新业态等新经济不断地孕育发展，推动传统产业不断通过技术升级焕发生机，推进新旧动能不断形成新的发展合力。另一方面，建设现代化经济体系是推动高质量发展的重要途径。现代化经济体系中，实体经济是"肌体"，科技创新是"筋骨"，现代金融是"血液"，人力资源是"基因"，要推动实体经济、科技创新、现代金融、人力资源协同发展，加快转变经济发展方式、优化经济结构、转换经济增长动力。建立现代化经济体系的每一步成果，必将有力推动贯彻新发展理念这一战略任务取得积极进展。

四、坚持以供给侧结构性改革为主线，坚持深化市场化改革、扩大高水平开放

《报告》强调，要坚持以供给侧结构性改革为主线，坚持深化市场化改革、扩大高水平开放。改革开放是决定当代中国命运的关键一招，也是决定实现"两个一百年"奋斗目标、实现中华民族伟大复兴的关键一招。供给侧结构性改革是改革开放基本国策的延续和深化，对转变经济发展方式、推动高质量发展都具有极其重要的意义，必须一以贯之地坚持。

一要坚持以供给侧结构性改革为主线。中国经济发展进入新常态，面临的一些突出矛盾和问题，难以在短期内得到解决，其根源在于重大结构性失衡和多年累积的体制机制问题，推动高质量发展、推动宏观经济平衡等，矛盾的主要方面在供给侧，推进供给侧结构性改革成为客观必然。几年来，供给侧结构性改革成效显著，国企、三农、财税金融、生态文明体制等改革不断深化，新技术、新产业、新业态、新模式等新兴经济不断涌现，新动能加快成长，经济质量效益不断提升。2018 年，制造业投资、民间投资增速明显回升，企业和群众办事便利度不断提高，实体经济活力不断释放。今年的《报告》提出坚持以供给侧结构性改革为主线，这既是对过去一个时期改革成绩的肯定，也是对当前和今后一个时期改革任务的再部署。

2019 年，继续坚持以供给侧结构性改革为主线，着力在"巩固、增强、提升、畅通"上下功夫，更多运用市场化、法治化手段，巩固"三去一降一补"成果，增强微观主体活力，提升产业链水平，畅通国民经济循环，推动经济高质量发展。特别是，要通过一系列重大改革向纵深推进使供给的质量与需求结构相匹配，比如通过简政放权等改革使政府发挥"更好"作用，通过价格要素市场等改革使市场发挥好"决定性"作用，通过推进混合所有制加快国资国企改革，通过营造法治化制度环境支持民营经济发展，通过体制机制改革激发创造活力等。

二要坚持深化市场化改革。改革开放40年来，中国人民用双手书写了国家和民族发展的壮丽史诗，我们实现了从"赶上时代"到"引领时代"伟大跨越。目前，党和国家事业蒸蒸日上，改革开放呈现新局面，但也面临不少难啃的"硬骨头"。在当今世界风云际会的大变局之中，我们需要解决发展不平衡不充分的问题、直面中美经贸摩擦、跨越中等收入陷阱、破除"发展起来之后"的烦恼等。改革的难度不断增大，开放的挑战前所未有，船到中流浪更急，人到半山路更陡。我们必须以一往无前的精神，壮士断腕的勇气，把中国改革进行到底。中国改革发展既往的成就是干出来的，坚持深化市场化改革、扩大高水平开放，还是要干字当头，撸起袖子加油干，干出改革开放新天地，干出发展进步新业绩。

三要坚持扩大高水平开放。高水平的开放，不仅是商品和要素流动型的开放，同时也是规则等制度型的开放。我们要加快建立统一开放、竞争有序的现代市场体系，放宽市场准入，加强公正监管，创造法治化、国际化、便利化的营商环境，通过深化市场化改革让各类市场主体更加活跃。要促进外贸稳中提质，推动出口市场多元化，优化进口结构。要加大吸引外资力度，缩减外资准入负面清单，允许更多领域实行外资独资经营。要加快与国际通行经贸规则对接，提高政策透明度和执行一致性，营造内外资企业一视同仁、公平竞争的公正市场环境。要持续推动共建"一带一路"，推动对外投资合作健康有序发展。要促进贸易和投资自由化便利化，推进区域全面经济伙伴关系协定、中日韩自贸区、中欧投资协定谈判，继续推动中美经贸磋商等。

五、继续打好三大攻坚战

《报告》强调，继续打好三大攻坚战。坚决打好防范化解重大风险、精准脱贫、污染防治三大攻坚战，是党的十九大提出的重大政治任务，是决胜全面建成小康社会的关键。2018年，防范化解金融风险取得阶段性进展，精准脱贫有力推进，污染防治得到加强，三大攻坚战初战告捷。但是，全面建成小康社会的决胜期越来越短，已经进入冲刺期，打好三大攻坚战还要持续抓重点、补短板、强弱项。

一要打好防范化解重大风险攻坚战。防范化解重大风险首先是防范化解金融风险特别是要防止发生系统性金融风险。金融安全是国家安全的重要组成部分，无论是20年前的亚洲金融危机，还是10年前的国际金融危机，都警示我们金融危机涉及面广、社会关注度高，解决不好会对国家总体安全形成很大威胁。目前，结构性去杠杆达到预期目标、融资难融资贵一定程度缓解、影子银行和交叉金融风险持续收敛、金融改革持续深化、金融乱象得到遏制等，金融运行总体平稳。2019年，要更加注重在稳增长的基础上、在推动高质量发展中防范化解风险，促进经济和金融良性循环健康发展。坚持结构性去杠杆，积极稳妥处理房地产和地方政府债务风险。扎实推进普惠金融，持续加大民营、小微企业和"三农"金融供给。强化政策协同，防范金融市场异常波动。坚决严厉打击非法金融活动，坚持不懈治理金融市场乱象。持续深化金融改革，提高开放条件下经济金融管理能力和防控风险能力。

二要打好精准脱贫攻坚战。扶贫济困是中华民族的优秀文化基因。新中国成立以来，中国共产党带领人民持续向贫困宣战，成功走出了一条中国特色扶贫开发道路，使7亿多农村贫困人口成功脱贫。党的十八以来，以习近平同志为核心的党中央，把扶贫开发工作作为全面建成小康社会的重点任务，全面打响脱贫攻坚战。2012年至2018年，我国农村贫困人口年均减少1300多万人，从9900万人降至不到1660万人。但是实现全面脱贫，"人之愈深，其进愈难"，深度贫困地区已成为今后两年脱贫攻坚的难中之难。2019年，要加大力度补齐深度贫困地区在基础设施和基本公共服务方面的短板，解决困难群体的基本生活困难；要打好产业扶贫、就业扶贫、教育扶贫、生态扶贫、搬迁扶贫和社会保障托底的组合拳，提高脱贫质量；要抓实抓细脱贫攻坚的关键阶段各项工作，确保脱贫有实效、可持续、经得起历史检验。

三要打好污染防治攻坚战。建设生态文明关系人民福祉、关乎民族未来。当前，生态文明建设正处于压力叠加、负重前行的关键期，已进入提供更多优质生态产品以满足人民日益增长的优美生态环境需要的攻坚期，也到了有条件有能力解决突出生态环境问题的窗口期。污染防治攻坚战作为决胜全面建成小康社会的三大攻坚战之一，必须坚决打好。要聚焦蓝天、碧水、净土保卫战，统筹兼顾、标本兼治，使生态环境质量持续改善，着力实现蓝天白云、清水绿岸、良田沃土的景象。特别是，要着力改善大气环境质量，保障饮用水安全、消除城市黑臭水体、减少污染严重水体和不达标水体，有效管控农用地和城市建设用地土壤环境风险。

六、创新和完善宏观调控

《报告》提出，要创新和完善宏观调控，以使经济继续运行在合理区间。宏观调控的核心是实现总供给和总需求的平衡，熨平经济周期，防止大起大落。近年来，我们立足自身国情，从实际出发大胆探索，同时吸取国际经验教训，既适当增加总需求，又更加重视供给侧结构性改革；既注重实现短期平衡，又重视为长远发展积势蓄能；既注重调控国内经济变量，又重视国内外平衡，特别是区间调控、定向调控、相机调控和预期引导等有机结合、灵活运用，形成了有中国特色的经济治理体系。2018年，面对新情况新变化，我们坚持不搞"大水漫灌"式强刺激，保持宏观政策连续性稳定性，在区间调控基础上加强定向、相机调控，主动预调、微调。坚持实施积极的财政政策，着力减税降费、补短板调结构；坚持实施稳健的货币政策，引导金融支持实体经济，确保了经济平稳运行。2019年，要继续创新和完善宏观调控，发挥好宏观政策逆周期调节作用，增强调控前瞻性、针对性和有效性，丰富和灵活运用财政、货币、就业政策工具，确保经济运行在合理区间。

今年，经济形势更趋复杂，我们既要保持发展定力，不强行拉升增速；又要审时度势，防止经济失速，避免影响经济社会稳定大局。要坚持发展思维、底线思维、创新思维、全球思维，处理好总量和结构、供给和需求、改革和稳定、长期和短期、国际和国内等关系。要创新调控思路，灵活运用多种调控方式，继续通过区间调控，确保经济增长率、就业水平等不滑出"下限"，物价涨幅等不超出"上限"；通过定向调控，瞄准经济运行中的突出矛盾，确定"靶点"，精准实施"滴灌""喷灌"，做到有保有压、有扶有控；通过相机调控，见微知著、当机立断，更加灵活、及时地解决苗头性、潜在性问题；通过预期调控，引导舆论，形成政府、市场和社会的良性互动，增强对中国长期发展的信心。要统筹政策工具，实施更大规模的减税，明显降低企业社保缴费负担，有效发挥地方政府债券作用，稳定和扩大就业等。

七、统筹处理好国内与国际、稳增长与防风险、政府与市场等关系

政府工作千头万绪，必须统筹平衡、正确处理。《报告》强调，做好今年政府工作，要注重把握好三对重要关系。

一要统筹好国内与国际的关系。当前，中国特色社会主义进入新时代，我国发展呈现许多新的阶段性特征，面临日趋复杂的国际环境。从国内看，我国从低收入国家进入中上等收入国家行列、正在向高收入国家迈进，人民生活在实现从贫困到温饱再到总体小康历史性跨越的基础上，正向更加美好的生活迈进；经过40年的高速发展，我国国际地位和影响力大幅提升，日益走近世界舞台中央，但随着经济发展进入新常态，发展格局也发生了重大变化。从国际看，当今世界正面临百年未有之大变局，世界经济重心正在迁移、政治格局正在改变、经济全球化遭遇波折、全球治理发生变化、经贸规则正在重构，特别是中美经贸、科技等领域摩擦加剧。这种情况下，我们一方面，要更清醒地认识到我国仍处于并将长期处于社会主义初级阶段，仍是世界最大发展中国家，必须牢牢扭住经济建设这个中心、凝心聚力办好自己的事情；另一方面，也要看到外部的压力也是动力，处理好了就是机遇，要以开放促改革、以改革促高水平开放，充分利用国际国内两个市场两种资源，牢牢把握发展主动权。

二要平衡好稳增长与防风险的关系。当前，经济下行压力加大，稳增长的任务繁重。同时，长期积累的诸多风险隐患也需要加以化解，特别是经济金融风险共生，防范化解金融风险的任务依然较重。这种情况下，防控风险要把握好节奏和力度，防范化解金融风险的政策，要防止紧缩效应叠加放大，决不能让经济运行滑出合理区间；稳增长也不能只顾眼前，采取损害长期发展的短期强刺激政策，产生新的风险隐患。总之，稳增长与防风险要遵循规律、讲究方法、拿捏尺度。长期积累的风险要按照坚定、可控、有序、适度要求，在发展中逐步化解，坚决避免发生系统性、区域性风险。比如，对资产价格泡沫，"开个口子、留个闸门"，该捅的捅一捅、该放的气放一放，但要慢放气。短期稳增长的措施，也要统筹兼顾，注意力度，不要造成新的风险，不能损害长远发展。

三要处理好政府与市场的关系。压力越大越要大力推进改革开放，通过改革开放重构政府市场关系，激发市场主体活力。要继续深化行政管理体制改革，推进政府职能转变，着力在狠抓政策落地、加强制度建设上下功夫，该放的权放到位、该营造的环境营造好、该制定的规则制定好，以"更好"发挥政府作用。要继续深化价格、要素市场等改革，使市场在资源配置中起"决定性"作用。要加快建立统一开放、竞争有序的现代市场体系，要进一步缩减市场准入负面清单，推动"非禁即入"普遍落实，着力创造良好的营商环境，让各类市场主体更加活跃，为经济社会持续健康发展提供源源不断的强劲动力。